Zhongguo Wenhua
Zhishi Duben

中国文化知识读本

七朝古都开封

主编 金开诚

编著 金涛

吉林出版集团有限责任公司

吉林文史出版社

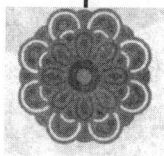

图书在版编目（CIP）数据

七朝古都开封 / 金涛编著 .—长春：吉林出版集团有限责任公司：吉林文史出版社，2009.12（2022.1重印）（中国文化知识读本）

ISBN 978-7-5463-1662-8

Ⅰ.①七… Ⅱ.①金… Ⅲ.①开封市－概况 Ⅳ.① K926.13

中国版本图书馆 CIP 数据核字（2009）第 236857 号

七朝古都开封

QICHAO GUDU KAIFENG

主编/ 金开诚 编著/金涛

项目负责/崔博华 责任编辑/崔博华 曹恒

责任校对/刘姝君 装帧设计/曹恒

出版发行/吉林文史出版社 吉林出版集团有限责任公司

地址/长春市人民大街4646号 邮编/130021

电话/0431-86037503 传真/0431-86037589

印刷/三河市金兆印刷装订有限公司

版次/2009 年 12 月第 1 版 2022 年 1 月第 3 次印刷

开本/650mm×960mm 1/16

印张/8 字数/30千

书号/ISBN 978-7-5463-1662-8

定价/34.80元

关于《中国文化知识读本》

文化是一种社会现象，是人类物质文明和精神文明有机融合的产物；同时又是一种历史现象，是社会的历史沉积。当今世界，随着经济全球化进程的加快，人们也越来越重视本民族的文化。我们只有加强对本民族文化的继承和创新，才能更好地弘扬民族精神，增强民族凝聚力。历史经验告诉我们，任何一个民族要想屹立于世界民族之林，必须具有自尊、自信、自强的民族意识。文化是维系一个民族生存和发展的强大动力。一个民族的存在依赖文化，文化的解体就是一个民族的消亡。

随着我国综合国力的日益强大，广大民众对重塑民族自尊心和自豪感的愿望日益迫切。作为民族大家庭中的一员，将源远流长、博大精深的中国文化继承并传播给广大群众，特别是青年一代，是我们出版人义不容辞的责任。

《中国文化知识读本》是由吉林出版集团有限责任公司和吉林文史出版社组织国内知名专家学者编写的一套旨在传播中华五千年优秀传统文化，提高全民文化修养的大型知识读本。该书在深入挖掘和整理中华优秀传统文化成果的同时，结合社会发展，注入了时代精神。书中优美生动的文字、简明通俗的语言、图文并茂的形式，把中国文化中的物态文化、制度文化、行为文化、精神文化等知识要点全面展示给读者。点点滴滴的文化知识仿佛繁星，组成了灿烂辉煌的中国文化的天穹。

希望本书能为弘扬中华五千年优秀传统文化、增强各民族团结、构建社会主义和谐社会尽一份绵薄之力，也坚信我们的中华民族一定能够早日实现伟大复兴！

目录

一 历史的回忆 七朝
古都开封

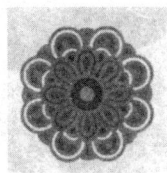

白居易石像

大业年中炀天子，

种柳成行夹流水。

西自黄河东至淮，

绿影一千三百里。

大业末年春暮月，

柳色如烟絮如雪。

——白居易《隋堤柳》

白居易这首描写开封的诗展现了开封曾经的繁华，而开封经历了几千年历史的沉淀，如今留下的太多太多。

走进开封，可以发现，历史赋予了这座城市无穷的魅力。开封是说不完道不尽的，虽历尽沧桑，但这经历了沧桑后的容颜更加美丽动人，千百年来谱写了一个又一个惊世传奇，这些传奇照耀着开封，让这颗中原明珠更加灿烂夺目。

开封是一座历史文化悠久的古城，夏商时期，这里就开辟为城邑。它地处河南省中部、黄河南岸，是我国历史上的七大古都和国务院首批公布的二十四座历史文化名城之一。历史上它被叫做大梁、汴梁、东京、汴京等。建城两千七百多年来，战国时期的魏国，五代时期的后梁、后晋、后汉、后周以及北宋和金七个王朝曾先后建国都于此，这七个王朝成就了开封的辉煌，并让开封在当代大放异彩。

龙亭是开封文物古迹的一个代表，虽说是亭，实为一座高大的殿堂

历史的回忆 七朝古都开封

战国地图

（一）魏国都开封

　　这里的魏国指战国时期的魏国，是战国七雄之一。公元前403年，韩、赵和魏脱离晋国（春秋时期），将其地三分而独立，史称"三家分晋"。公元前376年，韩哀侯、赵敬侯、魏武侯瓜分晋国其余国土，废晋静公，从此，晋国完全为韩、赵、魏三家所取代。

魏国遗址

魏国建立后，在前两位君主魏文侯和魏武侯的统治下，变法改革，国家迅速强大起来。并先后以乐羊为将攻灭中山国；以吴起为将攻取秦国西河（今黄河与洛水间）五城；以西门豹为邺令，以北门可为酸枣令，以翟黄为上卿，改革政治，兴修水利，逐步成为战国初期的强国。

清明上河园景观

七朝古都开封

后来，魏国的第三代君主惠王即位，由于多年的战争，魏国国土迅速扩大，为了巩固魏国在中原地区的统治，惠王于公元前339年迁都大梁，大梁也就是如今的开封。从此，大梁就成了魏国的首都。魏国迁都大梁后，经历了几年的兴盛，但已经在走下坡路。魏王穷兵黩武，骄奢淫逸，不断发动对周边国家的战争，经过桂陵之战、马陵之战的失败后，魏国彻底衰落下来，最后于公元前225年被秦国将军王贲攻破灭亡。

黄巢塑像

（二）后梁都开封

这里的后梁指五代十国时期的后梁，它的建立者是朱温，也叫梁太祖。朱温于907年建立大梁，都开封。朱温曾参加黄巢领导的农民起义，后叛降唐朝，被赐名朱全忠，与沙陀贵族李克用等协同镇压黄巢起义。黄巢起义失败后，唐帝国已名存实亡，各方节度使形成拥兵自重的局面，其中以宣武节度使朱全忠、河东节度使李克用、凤翔节度使李茂贞等势力最大。

朱温于903年完全控制皇室，并于907年废唐哀帝，自行称帝。朱温在称帝前后，革除了一些唐朝积弊，奖励农耕，减轻租赋，基本上统一了黄河中下游地区。但他生性残暴，不断滥行杀戮，并与据有太原的李克用、李存勖父子连年作战，给百姓带来了深重的灾难。

朱温在位时，并没有指定由谁来继承皇位。后来其次子朱友珪发动政变杀温，自立为帝。再后来，朱温第三子朱友贞发动洛阳禁军兵变，逼死友珪。友贞即在开封称帝（先后改元贞明、龙德），是为后梁末帝，又复年号为乾化三年。友贞猜忌方镇大臣，内部分裂，国力进一步削弱。923年，后唐庄宗李存勖攻入开封，末帝自杀，后梁灭亡。

朱温像

七朝古都开封

（三）后晋都开封

开封古城门

后晋，五代之一，为石敬瑭所建。石敬瑭是后唐明宗的女婿，明宗去世前后，他与契丹相勾结，认契丹皇帝耶律德光为父，并将燕云十六州拱手献给契丹，另加岁贡帛三十万匹。在耶律德光的支持下，他于936年在太原称大晋皇帝，史称后晋。937年，石敬瑭攻入洛阳，后唐末帝李从珂自焚而死。938年，他迁都汴州，第二年改名为东京开封府。

由于他一味地卖国求荣，人民极度不满，所以他的统治并不稳定，他于天福七

龙亭公园景观

年忧郁而终。他死后，他的侄子石重贵即位，史称少帝。少帝在对契丹的关系上不像他的叔父那样卖国求荣，而要求称孙不称臣，这惹恼了契丹，于是契丹主挥兵南下，讨伐后晋。后晋虽然经过顽强抵抗，多次打败契丹的进攻，但终于在叛徒的出卖下被契丹灭亡。947年，也就是灭后晋第二年，耶律德光在开封称帝，改国号为辽，后晋彻底退出历史舞台。

（四）后汉都开封

后汉，五代之一，为刘知远所建。刘知远曾任后晋太原留守、河东节度使等职，947年，后晋灭亡后，刘知远对契丹的南下采取观望的态度，但在第二年，刘知远在太原称帝。他下诏诸道禁止为辽搜括钱帛，并诏慰抗击辽之民众，人心归附。三月，辽兵北撤。五月，刘知远出兵占领洛阳、开封，收复后晋末失陷的河南、河北诸州。六月，改国号大汉，史称后汉，都开封。与南唐、吴越、楚、南汉、后蜀、南平等政权并立。

948 年，刘知远病逝，他的第二个儿子承祐即位，是为隐帝。但隐帝即位时，国内大臣史弘肇、杨祐、苏逢吉、郭威四人专权，承祐疑惧，于乾祐三年十一月杀杨祐、史弘肇及三司使王章。后来又密令杀邺都留守、枢密使郭威，但事情遭泄露，郭威于 951 年起兵攻入开封，隐帝被杀，

悠久的历史和深厚的文化积淀，使开封享有七朝都会、文化名城、大宋故都、菊城之盛名

历史的回忆 七朝古都开封

后周太祖郭威像

后汉灭亡。

（五）后周都开封

后周，五代之一，为周太祖郭威所建。951年，郭威起兵攻入开封，杀隐帝，灭后汉。952年，郭威在开封称帝，改国号为周，史称后周。郭威是一个好皇帝，他针对前朝弊政，进行了一些改革，刑罚有所减轻，某些苛税被废止，部分官田散给佃户，停止州府南郊进奉，这些措施在一定程度上减轻了对人民的压迫剥削。

954年，郭威病逝，养子柴荣（柴皇后之侄）即位，柴荣就是历史上有名的周世宗。他继续推行郭威的改革，整顿吏治，严明军纪，发展经济，恢复国计民生，为统一天下准备了条件。经过一系列的战争，北周迅速强大起来，但可惜的是，柴荣却在959年病逝，他的儿子柴宗训即位，是为恭帝。

显德七年正月，殿前都点检赵匡胤发动陈桥兵变，废恭帝，建立北宋王朝，后周亡。后周的灭亡，标志着五代的结束，同时也预示了十国的终结，宋朝统一中原的行动就此开始。

（六）北宋都开封

960年，后周大将赵匡胤发动陈桥兵变，建立宋朝，定都汴京（今开封），史称"北宋"。赵匡胤就是宋太祖，宋太祖最大的历史功绩就是统一了全国。他先后

宋太祖赵匡胤像

历史的回忆 七朝古都开封

于 964 年、965 年、970 年消灭了荆湘、后蜀、南汉三地，又于 974 年击败了势力较为强大的南唐，从此，北宋基本上统一了中国，宣布中国历史中纷乱的五代十国结束。

之后，宋太祖吸取了五代十国的经验教训，为了巩固中央集权，他采取了一系列的政策方针：在军事方面以"杯酒释兵权"解除了大将对军队的控制，并且设立中央禁军，使中央对军队有绝对的控制权；在行政方面，削弱了官员职权，以殿试的方式对官员进行最终考核，这样一来，皇帝就掌握了国家的绝对权力，官员也能多办事，政权也能得到长期有效的巩固。

之后，北宋在真宗、仁宗、英宗至神宗

开封龙亭乃当年北宋皇宫，气势雄伟

七朝古都开封

开封是中国八大古都之一，文物遗存
丰富

时期社会趋于稳定，神宗时更是推行了历
史上有名的"王安石变法"，但终因保守
党势力强大，变法宣告失败，北宋开始走
向衰亡。1125 年，金以宋朝破坏与其定下
的共同对辽的协议为名，大举出兵侵宋，

宋徽宗逃至金陵（今南京）。北宋军队虽然在丞相李纲的指挥下击退了金军，暂时制止了金国的南侵，但由于徽、钦二帝的无能，一心想和金国求和，先后答应割地赔款给金国，又罢免了李纲等忠臣，使得金兵更加肆无忌惮。1127年，金军又一次攻打开封，并掠去徽、钦二帝及大量财物。至此，北宋王朝宣告灭亡。

（七）金朝都开封

1115年，女真领袖完颜阿骨打称帝建国，国号大金，建都会宁。之后，大金不断发动

高大雄伟的古城建筑

七朝古都开封

开封龙亭公园一景

对辽、北宋的战争，并于 1125 年、1127 年分别灭辽、北宋。金代共三个都城，上京会宁府是金朝第一个都城；1153 年海陵王迁都燕京（今北京），是为金朝第二个都城，称金中都；金朝第八位皇帝宣宗于 1214 年迁都汴梁（今开封）。

金在消灭辽朝和北宋后，统一了包括黄河流域在内的广大北方地区，并与南宋长期对峙。金朝在政治上实行"猛安谋克"等独特制度的同时，也采纳了内地的很多政治制度，逐渐被中原文明所征服。金在与南宋、西夏并立期间，迫使西夏臣附、

历史的回忆 七朝古都开封

龙亭大殿内景

南宋屈辱求和，始终居于霸主地位。

　　但在金朝后期，统治者奢侈腐败，国内起义不断，加上金章宗末年严重的自然灾害，国内的繁荣已经成过眼云烟。1215 年，成吉思汗率领蒙古军劫掠并占领了金国的北京。1234 年，蒙宋联军攻破蔡州城，在战火中即位的金末帝完颜承麟死在乱军之中，宣告统治中国长达 120 年的金国灭亡。

二　开封千古故事

连环画故事《信陵君救赵》

（一）信陵君窃符救赵

　　信陵君，也叫魏无忌，战国时大梁人，魏安釐王同父异母的弟弟，和赵国平原君赵胜、齐国孟尝君田文、楚国春申君黄歇合称为"战国四公子"。

　　信陵君为人宽厚仁爱，礼贤下士，因此，士人争相归附于他，最高峰时门下聚集了三千食客。当时魏国有个隐士，名叫侯嬴，已经七十多岁了，做着大梁守城门的小官。魏无忌听说此人有才，就亲自拜访，并馈赠一份厚礼，但侯嬴没有接受。后来有一次信陵君设宴大会宾客，与会的其他宾客都来了，唯有侯嬴没来，信陵君就亲自带着车马和随从，并空出车子左边的上座去接侯嬴。侯嬴为考验一下魏无忌，径直坐上车子上空出的上座，还要求载他去见他的屠夫朋友朱亥。魏无忌满足了侯嬴的这一要求。其随从都在暗骂侯嬴，而魏无忌仍然是面色和悦，一直等到侯嬴聊完，才载着侯嬴回去赴宴。

关于信陵君最有名的故事就是窃符救赵了。公元前 260 年，赵国在长平之战中败给秦国，四十多万兵士被秦国坑杀。公元前 257 年，秦军包围了赵国都城邯郸，

魏安釐王离宫遗址

开封千古故事

古代兵符

赵国形势危急。平原君赵胜多次向魏国求援，于是魏安釐王派将军晋鄙领兵十万前去救赵。但秦昭王得到消息后，派使者威胁魏安釐王，魏安釐王非常害怕秦国，于是就派人通知晋鄙停止进军，名义上为救赵，实际上在观望形势的发展。在这种形式下，信陵君的门客侯嬴秘密献策，让魏无忌去找魏安釐王的宠妃如姬帮忙，让如姬从魏安釐王的卧室内窃出晋鄙的兵符，因为魏无忌曾为如姬报过杀父之仇，如姬肯定会帮助信陵君的。

传说中信陵君曾经开荒种田的土地

魏无忌听从了侯嬴的计策，前去请求如姬帮忙，如姬果然盗出兵符交给了魏无忌。魏无忌拿到了兵符准备上路，侯嬴又让魏无忌把屠夫朱亥带上，以便晋鄙在看到兵符仍不交出兵权的情况下让大力士朱亥击杀他。魏无忌到了邺，拿出兵符假传魏安釐王的命令要代替晋鄙担任将领。晋鄙表示怀疑，不想交出兵权。魏无忌在不得已的情况下，只好让朱亥动手，用铁锤杀死晋鄙，取得兵权。信陵君统领晋鄙的军队

孟子像

后，精选士兵八万开拔前线。与此同时，楚国也派出春申君黄歇救援赵国，在楚、魏、赵三国的联合下，一举击溃秦国，解除了邯郸之围。

信陵君的一生是成功的，无论是他的不耻下交，还是窃符救赵，都体现了他为人的坦荡，他也因此为后世所景仰。

（二）孟子游梁

孟子（约前372—前289年），名轲，字子舆，又字子车、子居。父名激，母邹氏。孟子远祖是鲁国贵族孟孙氏，后家道衰微，从鲁国迁居邹国。孟子3岁丧父，孟母艰辛地将他抚养成人，孟母管束甚严，"孟母三迁""孟母断织"等故事，成为千古美谈，是后世母教子之典范。

孟子是中国古代伟大的思想家、教育家，战国时期儒家代表人物之一。著有《孟子》一书，属语录体散文集。《孟子》一书是孟子的言论汇编，由孟子及其弟子共同编写而成，是记录孟子的言语、政治观点和政治行动的儒家经典著作。孟子师承孔伋（孔子之孙，一般来说是师承自孔伋的学生），继承并发扬了孔子的思想，成

孟子故里

孟子曾来过开封，留下了光辉的
思想言论

为仅次于孔子的一代儒家宗师，有"亚圣"之称，与孔子并称为"孔孟"。孟子曾仿效孔子，带领门徒游说各国。但不被当时各国所接受，于是退隐与弟子一起著书。

孟子曾经来过开封，并在这里留下了光辉的思想言论。公元前336年，孟子见到了梁惠王（魏国迁都大梁后，魏惠王又称梁惠王）。梁惠王迫不及待地开口就说："老先生，你不远千里而来，大概是有什么好的法子使魏国获利吧？"孟子答道："大王，你何必开口就说利呢？行仁义就够了。假如大王你说怎样才能使我国有利，大夫们必然要说怎样才能使我家有利，百姓们必然要说怎样才能使自身有利，这样，上上下下都言利，国家就很危险了！所以拥有万乘的天子之国，杀天子的人一定就是拥有千乘的诸侯；拥有千乘的诸侯国，杀诸侯王的人必然是拥有百乘的大夫。从来没有听说过讲仁却遗弃双亲的事，也没有听说过讲义却将国家君王的利益放在自己利益身后的事。"梁惠王听了，感到很满意，大声叫好。

后来，梁惠王多次见孟子，其中有一次见孟子的故事成了千古传诵的著名段落：梁惠王曰："寡人之于国也，尽心焉耳矣。河

孟子故里"继往圣坊"

内凶，则移其民于河东，移其粟于河内。河东凶亦然。察邻国之政，无如寡人之用心者。邻国之民不加少，寡人之民不加多。何也？"孟子对曰："王好战，请以战喻。填然鼓之，兵刃既接，弃甲曳兵而走，或百步而后止，或五十步而后止。以五十步笑百步，则何如？"曰："不可。直不百步耳，是亦走也。"曰："王如知此，则无望民之多于邻国也。不违农时，谷不可胜食也。数罟不入洿池，鱼鳖不可胜食也。斧斤以时入山林，材木不可胜用也。谷与鱼鳖不可胜食，材木不可胜用，是使民养生丧死无憾也。养生丧死无憾，王道之始也。五亩之宅，树之以桑，五十者可以衣帛矣。鸡豚狗彘之畜，无失其时，七十者可以食肉矣。百亩之田，勿夺其时，数口之家可以无饥矣。谨庠序之教，申之以孝悌之义，颁白者不负戴于道路矣。七十者衣帛食肉，黎民不饥不寒，然而不王者，未之有也。狗彘食人食而不知检，途有饿莩而不知发。人死，则曰：'非我也，岁也。'是何异于刺人而杀之，曰：'非我也，兵也。'王无罪岁，斯天下之民至焉。"在这段话中，孟子比较具体地阐述了自己的仁政思想，对后世产生了深远影响。

孟子游梁祠遗址

七朝古都开封

夺权之宴上赵匡胤杯酒释兵权

关于孟子游梁留下的言论还有很多，其影响是不可估量的。孟子游梁，宣传了儒家的仁义道德思想，阐释了修身齐家治国平天下的道理，是我国历史上光辉的篇章。后人为了纪念孟子游梁，北宋时就在东京城内修建了孟子游梁祠，至今仍保存有孟子游梁祠石碑，表达了开封人民对一代圣人的永久怀念。

（三）宋太祖杯酒释兵权

宋太祖赵匡胤登基称帝后，大封拥立有功的众将领，不少人做了掌握一方军政大权的地方节度使，还有些人成了统领禁军的高级将领。这时，宋朝虽然已经建立，

但仍有一些领兵在外的后周节度使不肯降服，伺机反叛。960年，赵匡胤先后平定了昭仪节度使和淮南节度使的叛乱，才基本上安定了宋朝的局势。

宋朝的局势虽然稳定了，但宋太祖的心里却翻腾了起来，他害怕自己的统治被推翻。有一次，他单独找丞相赵普谈话，问他说："自从唐朝末年以来，换了五个朝代，没完没了地打仗，不知道死了多少老百姓。这到底是什么道理？"赵普说："道理很简单。国家混乱，毛病就出在藩镇权力太大。如果把兵权集中到朝廷，天下自然太平无事了。"宋太祖听了连连点头，赞赏赵普说得好。

宋太祖赵匡胤、宋太宗赵匡义与大臣石守信等六人踢球图

961年，宋太祖在宫里举行宴会，请石守信、王审琦、张令铎等几位老将喝酒。酒至半酣，宋太祖命令在旁侍候的太监退出。他拿起一杯酒，先请大家干了杯，说："我要不是有你们帮助，也不会有现在这个地位。但是你们哪儿知道，做皇帝也有很大难处，还不如做个节度使自在。不瞒各位说，这一年来，我就没有一夜睡过安稳觉。"石守信等人听了十分惊奇，连忙问这是什么缘故。宋太祖说："这还不明

开封古城楼
宋都御街牌坊

白？皇帝这个位子，谁不眼红呀？"石守信等听出话音来了。大家着了慌，跪在地上说："陛下为什么说这样的话？现在天下已经安定了，谁还敢对陛下三心二意？"宋太祖摇摇头说："对你们几位我还信不过？只怕你们的部下将士当中，有人贪图富贵，把黄袍披在你们身上。你们想不干，能行吗？"石守信等听到这里，感到大祸临头，连连磕头，含着眼泪说："我们都是粗人，没想到这一点，请陛下指引一条出路。"宋太祖说："我替你们着想，你们不如把兵权交出来，到地方上去做个闲官，买点田产房屋，给子孙留点家业，快快活活度个晚年。我和你们结为亲家，彼此毫无猜疑，不是更好吗？"石守信等齐声说："陛下给我们想得太周到了！"

酒席一散，大家各自回家。第二天上朝，每人都递上一份奏章，说自己年老多病，请求辞职。宋太祖马上照准，收回他们的兵权，赏给他们一大笔财物，打发他们到各地去做没有兵权的地方官员。这就是历史上著名的"杯酒释兵权"。

杯酒释兵权加强了中央的实力，稳固了中央集权，对于结束混乱和维护国家统一，起到了积极而又巨大的作用。

（四）张择端与《清明上河图》

《清明上河图》，中国十大传世名画之一，属一级国宝。它长528.7米，宽24.8米，画上生动形象地记录了12世纪汴京（今开封）城市生活的面貌，这在全世界的绘

张择端塑像

《清明上河图》（局部）

画史上都是独一无二的。

作者张择端，字正道，青年时游学汴京，后专攻绘画，宋徽宗时期入职翰林图画院。他的画自成风格，舟车、市肆、桥梁、街道、城郭等题材在他笔下都栩栩如生。但他的画作大都散逸，只有《清明上河图》完整地保存下来。

当时的汴京，可以说是世界上最为繁荣的城市之一，人口超百万，商业繁荣，交通发达，《清明上河图》就表现了这种万物生平的场面。

全图大致可分为三个部分：首段主要描绘的是汴京清明时节野外的风光；中段主要描绘繁忙的汴河码头；后段张择端把重点放

《清明上河图》（局部）

在了繁华的市区街道。

从整体上看，全图内容丰富，大到河流、原野、城郭，小到舟车上的钉铆、摊贩上的小商品等都和谐地统一在一起。据统计，《清明上河图》中画有八百一十五人，各种牲畜六十多匹，木船二十多只，房屋楼阁三十多栋，推车乘轿也有二十多件。如此丰富多样的内容，实属画史上罕见之笔。但最为可贵的是，能把如此多的题材内容统一在一起又能主体鲜明，长而不冗，杂而不乱，深刻体现了画家高超的画技。

开封千古故事

《清明上河图》展示了繁华的市区街景

但如此瑰丽的国宝也命途多舛，它遭到了历朝历代的统治者们、收藏家们的争夺。张择端在完成《清明上河图》后，首先把他送给了宋徽宗，徽宗非常喜爱这幅作品，并亲自用"瘦金体"书法题写了"清明上河图"五个字。在以后的八百年里，它曾五次进入宫廷，四次被盗出宫，历经劫难，演绎出许多传奇故事。也许正是因为这些传奇的上演，更为其增添了神秘色彩。

幸运的是，今天，《清明上河图》被完好地珍藏在故宫博物院内，但关于其本身，还有许许多多说不清道不完的故事，也许在将来的某一天，历史会道出真相，但真相已不那么重要，重要的是《清明上河图》永远

开封包公祠

在我们心中。

（五）开封有个包青天

说起开封，人们大都会想起包青天，很多人小的时候就是听着包公的故事长大的。虽然民间已把包公的故事神化，但其实历史上包公就是一位伟大的政治家。

包公真名包拯，字希仁，庐州合肥（今安徽合肥）人。包拯青少年时刻苦读书，29岁中进士，但他非常孝顺，认为父母亲年事已高，应该尽孝奉养双亲，所以他就一直留在父母身边，直到双亲去世，守丧期满，他才离开故土，担任朝廷官职。

包拯做官以后，一直刚正不阿、铁面

无私。也许正是因为这点，所以朝廷于1043年将包拯调到首都开封，被任命为监察御史。虽然监察御史没有多少实权，但包拯却因此可以直接参与朝政，这样他的过人才华才得到真正施展。他曾出使契丹，并相当出色地完成了任务。

后来，包拯又先后被任命为三司户部判官，京东、陕西、河北转运使等职。在此期间，他做了许多利国利民的好事，比如要求朝廷让百姓休养生息而安居乐业、解决河北军粮问题、解决陕西运城(今属山西)盐业问题等。

1050年，包拯被提升为天章阁待制、知谏院。所以包拯又叫包待制。在此期间，包拯力谏朝廷诸多弊政，并提出了革新建议。

包公湖

七朝古都开封

包拯任开封府尹时，铁面无私，执法如山

但两年之后，包拯却被改任为龙图阁学士，这是一个虚衔，直到 1056 年，包拯才重回京城，任开封府尹。后来，包拯还做过枢密副使等职。但令人遗憾的是，1062 年，包公病死在开封，享年 63 岁。遗著有《包孝肃奏议》。

这就是历史上真实包拯的一生，也许没有民间传说中包拯那样出色传奇，但包公那种清正廉明的作风、刚正不阿的态度、不畏强权的气节值得世代的中华儿女学习。

（六）天下图书集开封

历史上的北宋非常重视文化事业的发展。开国皇帝宋太祖就对他的武将说过："今之武臣，亦当使其读经书，欲其知为治之道。"意思就是说，武将也要多读书，只有多读书，才能知道治理国家的方法。但在宋朝初年，经历了五代十国的战乱，国家的图书已经丧失殆尽。

在这种情况下，宋朝的统治者开始着手在开封重新建立国家图书馆。这个时候国家的统治者为宋太宗，太宗就是赵匡胤的弟弟赵匡义，太祖死后，赵匡义继承了哥哥的皇位。太宗是历史上有名的皇帝，也是个爱读

开封包公祠一景

七朝古都开封

宋都御街门楼

书的皇帝，他对臣下说："朕无他好，但喜读书；多见古今成败，善者从之，不善者改之。"正是由于太宗对书籍的热爱，所以当他看到图书馆破旧不堪时，准备重新建设国家图书馆。在太宗的支持下，宋朝很快就建成当时天下第一国家图书馆，太宗赐名崇文院，由"三馆"组成，这就是有名的昭文馆、史馆、集贤院。

三馆建成以后，国家就派人四处搜集书籍，极大充实了图书馆的藏书。据史料记载，崇文院的图书增长得非常快，仅用了二十多年的时间，图书数量就达到了

开封有着深厚的文化底蕴

八万多卷，天下图书尽归开封，极大地促进了我国文化事业的发展。

在这种情况下，民间也兴起了读书藏书的风尚。加之北宋的印刷业非常发达，家家都有书读的局面形成了。

但不幸的是，北宋用一百五六十年时间收集的图书，却在靖康年间，金兵攻破开封后，全部散失。不但如此，开封私家的藏书也大都化为乌有，这是我国文化史上的巨大损失。

（七）开封太学

开封太学是北宋王朝培养人才的主要机构，北宋王朝的很多政治家和学者曾在此学习过或教过书。

北宋初年，刚经历过百年战乱的国家百废待举，一切都没有走上正轨。国家教育也是如此，成立不久的国子监只是徒具虚名。为了发展教育、培养人才，1044年，北宋政府把国子监扩充为太学，并请当时的知名学者胡瑗为太学主讲。太学初期分为经义斋、治世斋，规模不算很大，可收学徒二百多人。

开封太学在北宋时期得到发展

但真正使太学走上正轨的动力是王安石变法。为了推行新政，政府急需大批肯干、实用的人才，因此对太学非常重视。1071年，北宋政府制定了太学三舍法，所谓三舍就是将学生分为外舍生、内舍生、上舍生三等，上舍生等级最高，外舍生也就是刚入校的学生。据统计，1080年，外舍生有两千多人，内舍生有三百多人，上舍生有一百多人。太学规模逐年扩大，逐渐成为北宋王朝培养人才的最重要的机构。到徽宗时代，太学学生达三千八百多人，成为"天下第一大学"。

太学因设在繁华首都开封，因此其学规比较严格。学校规定：在校生食宿均在校内，不准无故外出住宿；有事必须有正式的请假手续；如果触犯校规，按情节轻重给予相应处罚，其中最重的惩罚就是开除学籍，等等。这些制度其实一直延续到今天，其意义是非常巨大的。

太学注重学生德、智、体的全面发展，每月都按时考查学生的道德和学业水平，甚至考查学生每月的生活费用以决定学生的品行优劣。太学还开设骑射、音乐等锻炼身体、陶冶情操的课程，这种教育在当时是世界一流的。在太学兴盛时期，很多著名学者都在

开封"游梁书院"碑刻

这里教书授课，无怪朱熹说："太学是一大书会，当时有孙明复、胡安定之流，人如何不趋慕。"

朱蕉像

在这种情况下，太学培养了一批又一批的优秀学子，这些学子都关心时政，忧国忧民，这是我国知识分子中值得称赞、使人敬佩的优良传统。比如当时的太学生陈朝老主动上书皇帝议政，书曰："陛下即位以来，五次任命宰相。韩忠彦昏庸怯弱，曾布贪赃枉法，赵挺之愚蠢无能，蔡京专横跋扈，今又任何执中为相，执中同样昏庸愚昧，又能干什么呢？是犹以蚊负山也。"其言辞激烈可见一斑。像陈朝老这样的太学生还有很多，他们这些人代表着中国知识分子的良心，总能在最危急的关头大义凛然，说出事实的真相，这种勇气是值得我们敬佩的。

北宋灭亡以后，很多太学生都参加了抗金斗争，并为此付出了生命的代价。总之，他们身上的爱国行为，表现了中国封建社会知识分子的高风亮节，即使在今天，也是有积极意义的。

（八）靖康之变

宋徽宗赵佶像

1125年，金军南下攻宋，宋徽宗仓皇南逃，钦宗即位。第二年，金军兵临东京城下，李纲领导东京军民严守城池，坚决抗金，沉重地打击了金军的嚣张气焰，金军只好撤退。金军撤退后，宋徽宗又回到了东京，继续和从前一样，过着荒淫无耻的生活。不仅不做任何军事上的防御工作，而且各地赶到东京救援的宋军，也都被遣散回去，连李纲也遭受排挤，被迫离开京城。

由于宋朝统治者的腐败无能，金军于1126年8月分东西两路再次南下，宋军节节败退，金军渡过黄河，提出划黄河为界，河北、河东（今山西）等地全部归金国。宋钦宗对金国百依百顺，不但满足了金朝的要求，还下诏给地方居民，叫他们开城降金。

宋朝统治者的昏庸助长了金朝侵略的气焰，金军继续南下，并包围了东京城。北宋朝中上至皇帝下至小吏尽惊慌失措、方寸大乱，主和派趁机大造声势，举朝皆投降之声。金军围困汴梁一月有余，在尚未攻破东京的情况下，北宋皇室准备投降，开封下级军民却坚决要求抵抗，30万人决心参战。钦宗竟然亲自到金营求降，卑躬

开封铁塔远景

开封铁塔公园一景

屈膝地献上降表，还下令各路勤王兵停止向开封进发，甚至镇压自发组织起来准备抵抗的军民。金军于是肆无忌惮地大肆搜刮，开封平民遭受了巨大灾难。

第二年2月，金军废宋徽宗、宋钦宗，另立原宋朝宰相张邦昌为伪楚皇帝。4月，金军带上俘虏的两位皇帝以及后妃、皇子、宗室、贵戚等三千多人，连同大量宝玺、舆服、法物、礼器、浑天仪等开始北撤。这就是历史上有名的"靖康之变"。

靖康之变时，康王赵构领兵在外，因此逃脱了这场灾难。1127年5月，赵构在南京（今河南商丘南）登基。后来，他又把都城迁到临安（今杭州），南宋时代从此开始。

三 开封古迹美景

开封不但是一座历史文化名城，更是一座风景优美的城市，开封的那些名胜美景让人流连忘返。

（一）相国寺

相国寺如今位于开封市自由路西段路北，据《如梦录》记载，这里曾是战国时魏公子信陵君故宅。宋代时曾在相国寺前建了一座信陵亭，并将这一地带叫做信陵坊。

其实，相国寺是我国历史上有名的佛教寺院，是禅宗圣地。它始建于北齐文宣帝天宝六年（555年），那时名叫建国寺，后来因多年战乱，毁于一旦。后于唐景云二年（711年）重建。次年，唐睿宗说他梦见相国寺中的弥勒佛显灵，同时为纪念他由相王登上皇

开封大相国寺

开封大相国寺大雄宝殿

位，于是便赐名建国寺为相国寺，相国寺这个名字因此沿用至今。相国寺在之后的一千多年里，时毁时修，现在的相国寺遗址为清朝修建后的格局。

如今的相国寺已焕然一新，寺内建筑物的布局井然有序。其主体建筑为山门、天王殿、大雄宝殿、八宝琉璃殿、藏经殿等，边上还有东西厢房及钟楼等建筑。

山门是牌楼式建筑，正中匾额朱书"相国寺"三字，大气磅礴，雄伟有力，另外，山门前还有石狮一对。天王殿共五间，内置一神龛，供有弥勒佛像，东西两山供四大天王塑像；大雄宝殿共七间，殿外有须

开封大相国寺内的千手千眼菩萨

弥座月台，台上有汉白玉石望柱和栏杆；八宝琉璃殿又叫罗汉殿，是相国寺内最宏伟的建筑。它处于寺中心之高台上，东西南北各有石台阶八级。这座建筑分内外两部分，外面是一座环绕中间院落呈圆周形的八角殿，院子中心是一座比四周环形建筑高的八角琉璃亭，亭内供奉一尊千手千眼菩萨，雕于乾隆年间，高七米左右，是一尊四面完全相同的立体雕塑，无论站在东南西北哪个方位上，都能清清楚楚地看到她那慈祥、端庄而美丽的笑容，她浑身上下金光闪闪，显得华贵而朴实。她除了与常人一样长着圆润的手臂外，特别令人注目的是，从肩头上斜逸出四组由小手掌排列而成的翅膀，每个小手的掌心里都有一只晶莹发光的眼睛，合在一起共有一千只手、一千只眼；藏经殿共七间，琉璃瓦顶，别有风味。

（二）铁塔

开封铁塔又名"开宝寺塔"，坐落在开封城东北隅铁塔公园内，因塔身全部以褐色琉璃瓦镶嵌，远看酷似铁色，故称为"铁塔"。铁塔建于 1049 年，距今已有九百多年的历史了。其实，铁塔最早的历史可以追溯到北齐年间，那时铁塔所在地为独居寺，北宋时又在独居寺上重建寺院，取名开宝寺，是当时京都的大寺庙之一，明代又将寺庙易名祐国寺，所以铁塔也叫祐国寺塔。

铁塔呈等边八角形，共有十三层台阶，高出地面 55.88 米。塔身用花纹砖镶嵌，计有麒麟、菩萨、飞天、乐伎等五十多种花纹图案，造型别致，堪称砖雕艺术杰作。塔身底层四面各辟一门，门内有一小室。另外塔身层层有窗，窗子的方位各不相同，每层塔棚上都有飞檐、挑角、挂铃。微风一吹，104 个铃铛随风摆动，蔚为壮观。

塔基底部，原有八棱形围池，底层向南的塔门上有北宋大书法家米芾书写的

开封铁塔素有"天下第一塔"的美称

开封古迹美景

"天下第一塔"的匾额，因历经水患，今已淤没。塔顶有垂脊铁链八根，系着一个桃形铜质宝瓶。全塔由许多形状各异、大小不一的"结构砖"砌成。这些砖像斧凿的木料一样，砌在一起完全相合，实在罕见。塔内有螺旋形梯道通向塔顶。登上五层，开封全城景色便可一览无余。登至十层以上，若在晴朗的日子里远眺黄河，可以隐隐约约见到一条银光闪烁的白色水带。

据史料记载，铁塔在近千年的漫漫岁月中，经历了43次地震、19次狂风、17次特大暴雨、10次冰雹和6次水淹。而数不尽的改朝换代，更使这座铁塔满目疮痍。但铁塔是坚强不屈的，至今仍直插云霄、笑傲天下。铁塔于1961年被国务院定为全国重点文物

仰视铁塔

保护单位，至今仍有"天下第一塔"的美称。

开封铁塔公园

（三）禹王台

禹王台，又名古侯台，位于开封城外东南约三里。是开封游览胜地，现辟为禹王台公园。

禹王台最早叫"吹台"，相传因春秋时代晋国著名盲人音乐家师旷曾在此吹奏乐曲而得名。古时候，吹台很高，后来因黄河泛滥，吹台仅高出水面不足两丈。西汉初年，汉文帝封其次子刘武为梁孝王，定都大梁。孝王喜爱同文人墨客吹弹游乐，为此增筑吹台，并在吹台周围修建了一座豪华的园林，称为"梁园"，后因战乱而

开封古迹美景

开封禹王台

荒败。明成化十八年（1482年），在台上建碧霞元君祠。后因开封屡遭水患，人们为怀念大禹的治水之功，于明嘉靖二年（1523年），在吹台上修建一座禹王庙，这座古台从此就又叫禹王台了。

今日的禹王台，经过修葺后留下的主要建筑有禹王庙、三贤祠、水德祠和御书楼等。禹王庙内供奉着禹王塑像，塑像两侧有两副对联，一副是"江淮河汉思明德，精一危微见道心"，另一副是"而耕而粒去巢就庐万代永颂王功德，斯世斯民饮水知源高台重铸禹金容"，歌颂了禹王治水的功德；三贤祠和水德祠就是两个小院，分别位于大殿东西两侧；御书楼位于禹王庙南面，系清康熙皇帝为禹王庙写匾额"功存河洛"的地方。楼下东壁嵌有康有为1923年登台时留下的诗作。

（四）延庆观

延庆观，原名重阳观，位于开封市内西南隅，东为相国寺、西接包公祠，南临开封府，是我国著名的道教建筑，与北京的白云观、四川的常道观并称为我国的三大名观，现为中原第一道观。它是为了纪念道教全真派的创始人王喆而修建的。王

延庆观牌匾

开封延庆观玉皇阁顶部

喆在《射雕英雄传》中被塑造成全真七子的师傅——王重阳。

延庆观的前身为重阳观、大朝元万寿宫，但都毁于战乱。明洪武六年（1373年）更名为延庆观，观名一直沿用至今。虽经明永乐、万历、成化年间多次修建，但规模已大不如前。明代李濂的《延庆观》一诗就反映了这种状况："曾闻汴水桥边观，宋时朝元万寿宫。千树碧桃今绝种，九光丹阁旧浮空。伤心莫问餐霞事，谋国谁摅捧日忠。惆怅二龙终不返，三清台殿夕阳中。"清代数次修建延庆观。盛世观内建筑自南向北有吕祖殿、三清殿和玉皇阁，玉皇阁东还有一座三宫殿。但可惜的是，废观毁像，殿宇尽毁，后来只剩下一座残破的玉皇阁了。

开封延庆观玉皇阁

玉皇阁，又名通明阁，是一座汉蒙文化巧妙结合的、具有元代特征的明代无梁阁，距今已有七百多年历史了。1984年重修，现景区面积1500平方米，建筑保存基本完好。玉皇阁内建筑错落有致，大致呈中、左、右三路分布格局，中路为二进院落，从南至北依次为穿心殿、玉皇阁、三清殿；右路是重阳殿；左路有八仙醉酒殿廊、六十甲子殿等。其中著名的景观有：汉白玉雕玉皇大帝、玄武大帝铜像、蒙古骑狮武士等，其中玉皇大帝雕像、蒙古骑狮武士、玄武大帝铜像被誉为"三绝"，具有很高的文物价值。

延庆观现已被定为国家重点文物保护单位。

开封龙亭台阶浮雕

（五）龙亭

龙亭，其实不是亭，而是建在一座高达13米的巨大青砖台基之上的殿堂。若在有雾的早晨在远处观望，那高耸于台基之上的殿宇宛若天上宫阙，美丽至极。

开封龙亭公园风光

　　龙亭在古代有着一段不平常的历史。开封的王气在哪里？"老开封"们几乎众口一词——龙亭。唐代就在此建立过衙署，五代时后梁建都开封，此地为皇宫。后晋、后汉、后周时，此地也为皇宫。北宋时宋

开封龙亭公园一景

太祖对五代皇宫加以扩建，这里成了皇城。明代这里成了朱元璋第五子周王的府第，并修建了许多殿台楼阁和假山。后因黄河决口，富丽堂皇的建筑全部被洪水冲走。清朝初年，有人在假山上建筑了一座万寿亭，内有一个安放皇帝牌位的小亭，当时称为龙亭。后来，清朝官员为讨好皇帝，又在龙亭山上建造了一座万寿宫，今日的龙亭大殿就是当年的万寿宫。清顺治时，在周王府南半部遗址上修建了贡院，供河南乡试之用。后来，龙亭几经修葺，成了现在的样子。

龙亭大殿坐北朝南，高踞在台基之上，异常巍峨壮观。从地面到大殿有 36 丈高，代表 36 天罡；有 72 级台阶，代表 72 地煞。登上平台，眼前呈现的是大殿，大殿由黄色琉璃瓦盖顶，阳光之下，耀眼夺目。殿内绘有云龙图案，额枋彩绘人物故事、山水花卉，都很精致。大殿正中，有一块巨石，长五尺，宽约三尺，石质黑而润泽，四周浮雕着漆龙，精美异常。大殿东侧有康有为 1923 年游龙亭时留下的笔迹对联，实为精品。龙亭脚下是潘、杨二湖，三者相互呼应，真是一幅绝美的画卷。

1925 年，河南督军胡景翼对龙亭进行修

整，将万寿观改名为龙亭公园。1927 年，冯玉祥二次主河南政，非常注重对河南的建设，改龙亭公园为中山公园，并在南门的石牌坊大门上横额书写"中山公园"四字，可惜后来石牌坊倒塌，现仅存石狮一对，石狮据守龙亭南门，引人无限遐想。

（六）繁塔

繁塔，原名兴慈塔，现位于开封城东南约 1.5 公里，创建于北宋开宝七年（974 年），因其建于北宋四大皇家寺院之一的天清寺内，故又名天清寺塔，又因其兴建

开封繁塔

于繁台之上，故俗称繁塔。它是开封现存最古老的一座古塔，国内罕见，多年来一直备受关注。

繁塔立在繁台之上，繁台又名"婆台"，是块自然形成的高地，后因附近繁姓人家聚集，因此有了繁台之称。古时繁台很高，后因黄河水泛滥，繁台变得矮小了。五代后周显德二年(955年)，开始在台上建寺,始名"天清寺"。宋太祖时，重修天清寺，并在寺内建一砖塔，名"兴慈塔"，又名"天清寺塔"，俗称繁塔。

据记载，原来的繁塔为九级楼阁式砖砌

空心结构，高约70余米，不仅比铁塔早建75年，而且比铁塔高20多米。当时民谣云："铁塔高，铁塔高，铁塔只达繁塔腰。"当年慕名登塔者，足迹相连，络绎不绝。盛世时的繁塔有400多僧人，其中具有一定的佛学造诣、能讲经论道的僧人就有50多位，足见当时的繁盛是颇具规模的。

繁塔现为全国重点文物保护单位，高36.68米，塔基面积约501.6平方米，由基底、外壁、清代修葺的七级小塔组成。塔身一砖一佛，生动别致，辉煌壮丽。繁台之上，风光优美，景色宜人。每逢节日，在此烧

开封繁塔塔身一砖一佛，生动别致

开封古迹美景

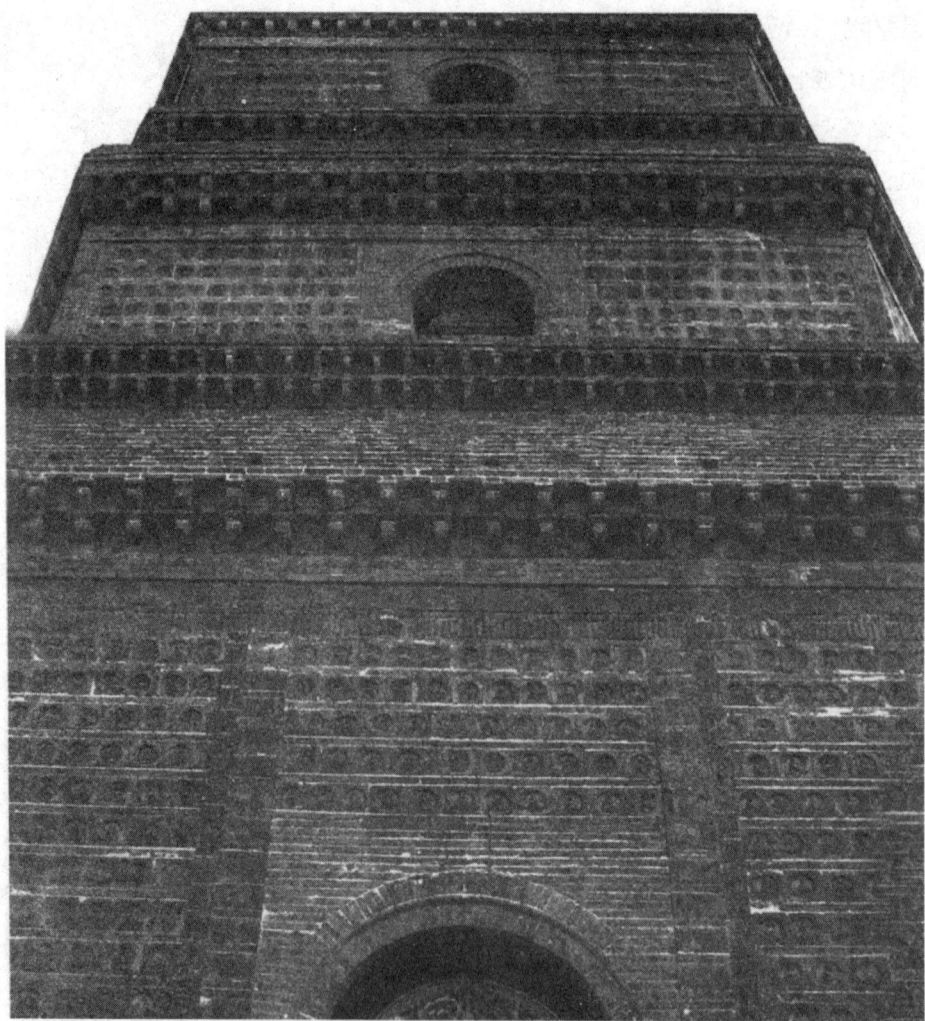

仰视开封繁塔

香拜佛、担酒因时，别有一番乐趣。繁塔的内外壁镶满了数以千计的佛像砖，佛像造型逼真，比例精确，技法细腻，形态各异。繁塔后有一古井，名曰"玉泉"，俗称繁塔老井，与铁塔老井齐名。

（七）镇河铁犀

镇河铁犀，位于开封市东北 2.5 公里处的铁牛村，为明正统十一年（1446 年）河南巡抚于谦为镇降黄河洪水灾害而建。于谦生于 1389 年，祖籍河南兰考。明宣德五年（1430 年），于谦受命出任河南、山西巡抚，做了很多有益于人民的好事。明代黄河主流离城仅 2.5 公里，开封城中日夜能听到黄河水拍岸的声音，当时的诗人张琦留有诗句说："扶竹登高回首望，黄河一线响如雷。"

据史料记载，从明洪武六年（1373 年）到正统十一年（1446 年）的 70 多年间，黄河在开封附近决口 25 次。黄河水患成了开封人民生命财产安全的最大威胁，汛期一到，人心恐慌，纷纷逃往异乡。正统五年（1440 年），黄河河水再次上涨，逼近开封城垣，于谦亲临工地，组织和指挥人民进行抗洪斗争，最后终于战胜了洪水，保住了开封城池。

此后，于谦组织了大批人力，以工代赈，在开封城东、北、西三面筑护城堤。护城堤完工后，他又命人铸造了一尊镇河铁犀。犀高 2.04 米，围长约 2.66 米，坐南

开封镇河铁犀

开封古迹美景

开封包公祠包公像

向北，面河而卧。它浑身乌黑，独角朝天，威武雄壮，栩栩如生。铁犀背上铸有于谦撰写的《镇河铁犀铭》："百炼玄金，熔为金液。变幻灵犀，雄威赫奕。填御堤防，波涛永息。安若泰山，固若磐石。水怪潜形，冯夷敛迹，城府坚完，民无垫溺……"镇河铁犀表达了人民要求根除河患的强烈愿望，也是古代中州大地屡遭水患的历史见证。

如今，铁犀依然挺立，它不屈的精神象征着黄河儿女不屈的斗志。

（八）包公祠

包公祠，是为纪念宋代名臣包拯而修建的。现位于市中心的包公湖西侧，与延庆观毗邻，是国家旅游局开发建设的中原旅游区的重要景点之一、河南省十佳旅游景点之一。尽管全国各地纪念包公的地方有很多，但开封包公祠是目前规模最大、资料最全、影响最广的纪念包公的场所。

现存的包公祠占地约1公顷，是一组典型的仿宋风格的古典建筑群。全祠由主展区、园内景区和功能服务区三部分组成。祠内主要景观有大殿、二殿、厢廊大殿、东西展殿等，还有小桥流水、假山瀑布等人造景观。其中

大殿内有高3米多、重达2.5吨的包公铜像，包公蟒袍冠带，正襟端坐，一手握拳，一手扶持，仿佛要拍案而起，一身凛然不可冒犯的浩然正气。二殿内有包公的出仕明志诗、开封府题名记碑、包公家训、墓志铭等。

（九）山陕甘会馆

山陕甘会馆，位于开封市内徐府街，是在乾隆年间由居住在开封的山西、陕西、甘肃的三省富商巨贾们在明代开国元勋中山王徐达府的遗址上集资修建的，作为同

开封山陕甘会馆内的关帝庙

乡聚会之所。经历了几百年的风风雨雨，会馆也遭到了破坏，如今仅存关帝庙部分，实为可惜。

整个建筑布满了砖雕、石雕、木雕，堪称会馆"三绝"。在"三绝"中，成就最高、规模最大、数量最多的还是木雕。每座建筑物的木构件上，特别是屋檐下面的枋、斗拱、挡板、垂柱等，普遍有木雕装饰，且木雕反映的内容非常丰富，山水树木、花鸟虫鱼、珍禽异兽、亭台楼阁、人物故事，无不入画。木雕色彩斑斓，精美无比。

　　关帝庙部分是山陕甘会馆的重要组成部分。因为关羽是山西解州人，明清以来，晋商遍布天下，所以，凡有晋商出资建造会所者，必有关帝庙。据说每逢祭祀关羽之日，会馆连日演戏，人山人海，非常热闹。关羽是封建社会"忠义"的化身，商人重义，关羽又是山西商贾的老乡，所以山陕商人在会馆内修建关帝庙，隆重祭祀关公，求其降福保佑，也是顺理成章的事情了。

　　山陕甘会馆由照壁、戏楼、钟鼓楼、正殿和东西配殿等组成。其中的大照壁，

开封山陕甘会馆二龙戏珠石雕

高约六米，灰砖砌成，上有黄绿琉璃瓦，背面正中嵌有一块方形石雕，雕二龙戏珠，盘绕十一条小龙作陪衬，实为精美罕见。东西配殿内装饰着精巧的木雕，各种木雕组合在一起成了一个壮观无比的画廊。画廊里，花鸟虫鱼、飞禽走兽、琴棋书画，琳琅满目，美不胜收。

2001 年 6 月 25 日，山陕甘会馆作为清代古建筑，被国务院列为全国重点文物保护单位。

（十）清明上河园

清明上河园，位于开封城西北角，东边是著名的龙亭风景区。它是对中华民族艺术之瑰宝的《清明上河图》复原再现的大型宋代历史文化主题公园。

清明上河园入口

清明上河园一景

清明上河园占地约 510 亩，其中水面 150 亩，拥有大小古船 50 多艘。园内有大小宋式建筑 400 余间，整个风景区都充满了古风古气，实为体验古人生活、领会古代风韵的最佳景观之一。

园区按《清明上河图》的原始布局，集中展现宋代诸如茶肆、酒楼、当铺等商业场景，还有杂耍、民间游艺等娱乐场景，神课算命、博彩、斗鸡、斗狗等京都风情。并根据宋氏历史故事表演宋代婚礼习俗等节目。晚间还有大型晚会"东京梦华魂"，全剧共 70 分钟，由 700 多名演员参与演出，是中国实景演出的力作。

园内主要建筑有城门楼、店铺、河道、

码头等，并设有驿站、花鸟鱼虫、特色食街、民俗风情、繁华京城、宋文化展示、休闲购物和综合服务等八个功能区以及宋都、校场、虹桥、民俗四个文化区。现今，清明上河园已成为国家首批 4A 级旅游景区、中国旅游知名品牌、全国文明风景区示范点等。

（十一）翰园碑林

翰园碑林，位于开封风景秀丽的龙亭湖风景区，占地约一百二十亩，它的创建人就是被誉为"当代文化愚公"的李公涛。

几十年来，李公涛发扬愚公精神，艰苦奋斗，带领全家，倾其所有，广征天下墨宝，建设翰园碑林。在这种精神的感召下，社会各界纷纷慷慨解囊，鼎立相助。很快，翰园

开封翰园碑林一景

碑林建成了现在的规模。

翰园碑林分碑廊和园林两大景区，碑廊内有碑刻三千七百多块。这些碑刻以书法艺术为主，集诗、书、画、印精华之大成，表现了中国文字发展史和书法史，从殷商甲骨文开始，汇集历代名碑名帖和著名书法家的代表作。名家作品之丰富，尤为碑林一大特色。园林也清新淡雅，亭台楼阁掩映于湖光山色之中，别有一番韵味。

近年来先后出版的《中国翰园碑林》《中国翰园碑林诗词集萃》《翰园魂》《中国翰园碑林碑帖集之一》《中国翰园碑林碑帖集之二》《翰园之父》等系列书记录了翰园碑林的发展历程，每月一期的《翰

开封翰园碑林碑廊有碑刻三千七百多块

开封古迹美景

园书画报》也受到了广大书画爱好者的喜爱，如今翰园碑林已成为开封十大旅游胜地之一。

（十二）天波杨府

天波杨府是北宋抗辽民族英雄杨业的府邸，位于开封城内西北隅，天波门的金水河旁，故名"天波杨府"。因杨业忠心报国，杨家将世代忠良，宋太宗赵光义爱其清正刚直，不善巧言谄媚的性格，敕在天波门的金水河边建无佞府一座，赐金钱五百万盖"清风无佞天波滴水楼"，并亲笔御书"天波杨府"匾额。

天波杨府占地约2.6公顷，府内建筑井然有序，分为东、西、中三个院落。东院是

天波杨府位于开封西北杨家湖北岸

天波杨府影壁一景

校场，是骑马射箭、校兵练武的场所；西院是杨家花园，内有亭、台、楼、榭、廊、山水、曲桥，一派江南园林风光；中院是杨府官邸部分，有大门、照壁、钟楼、过厅、天波楼、配殿、后殿，殿内有歌颂杨家将忠心报国的大型群雕和祭祀杨家将的孝严祠。

杨家一门忠烈，曾大战金沙滩，力保大宋江山，是北宋的柱石之臣，可惜终被奸人所害。流传于民间的"四郎探母""穆桂英挂帅""五郎八卦棍""十二寡妇征西"等故事都和杨家将有关。

朱仙镇岳飞庙岳飞像

（十三）朱仙镇岳飞庙

朱仙镇岳飞庙，位于开封城南约22公里。朱仙镇相传是战国时魏国义士朱亥的故里，明、清时更是被称为全国四大名镇之一。南宋初年，抗金英雄岳飞曾率兵在此大败金兀术。后人为纪念他，在此修建了岳飞庙。

朱仙镇岳飞庙建于明成化十四年，与汤阴、武昌和杭州岳飞庙统称为全国四大岳飞庙，享誉中外。建国后，国家重新修葺了岳飞庙，现已修复山门、门前照壁和"五奸跪忠"铸像等。

朱仙镇岳飞庙坐北向南，三进院落，廊呈长方形，殿堂恢弘庄严。其主要景点由铁铸跪像、碑廊、拜殿、正殿、寝殿和岳飞及家人的绘塑像组成。庙内以碑碣最为有名，有《道紫崖张先生北伐》《满江红》等碑，字体苍劲奔放，为碑中上品。

（十四）开封府

"开封府"，又称南衙，初建于五代后梁开平元年（907年），今位于开封市包公东湖北岸，占地约60余倾，建筑面积达1.36万平方米，与位于包公湖西侧的

朱仙镇岳飞庙

开封古迹美景

开封府景观

许多历史名人如寇准、范仲淹、包拯、欧阳修等都曾任开封府尹

七朝古都开封

俯瞰开封府

包公祠遥相呼应，形成了"东府西祠"的壮丽景观。

开封府具有丰富的历史文化底蕴。北宋的开封府被称为"天下首府"，宋太宗、宋真宗、宋钦宗三位皇帝没当皇帝之前都曾在这里当过府尹，并且先后有寇准、包拯、欧阳修、范仲淹、苏轼、司马光、蔡襄、苏颂、曾公亮、宗泽等一大批杰出的政治家、文学家、思想家、军事家在此任职，特别是包拯任开封府尹时，其铁面无私、执法如山的事迹至今家喻户晓。千百年来，开封府成为国人景仰的圣地。

开封府夜景

　　如今的开封府建筑格局规整，整体模式为宋代建筑风格。从中轴线上望去，府门、仪门、正厅、议事厅、梅花堂整齐一列，宏伟大气。两侧还有明礼院、潜龙宫、清心楼、牢狱、天庆观等五十余座辅助建筑。这些景区根据内容的不同，大致可分为以仪门、鸣冤鼓、戒石、大堂等为主题的府衙文化区；以典狱房、牢狱为主题的刑狱文化区；以太极八卦台、三清殿为主题的道教文化区等九大展区。

四　开封民俗文化及民间艺术

开封舞龙表演

开封传统民俗文化源远流长、丰富多彩、特色浓郁，长期以来，深受广大民众的喜爱。一年一度的开封民俗文化节更是弘扬优秀传统文化、集中展示地方特色民俗活动的重要节日。开封的民间艺术同样也是异彩纷呈，汴绣在宋代已名扬天下。

（一）开封年俗

古时开封有句俗语说："腊八祭灶，新年来到，姑娘要花，小伙要炮。"意思是说，每逢腊八祭灶王爷的时候，姑娘小伙们都开始要过年的礼物了。也就是说每年这个时候，开封城乡就有年味了。

其实，开封还流传着一首更能全面具体反映春节前开封年俗的民谣，这就是："二十三，祭灶官；二十四，扫房子；二十五，打豆腐；二十六，去割肉；二十七，杀只鸡；二十八，杀只鸭；二十九，去打酒；年三十儿，贴门旗儿。"这就是说在过年之前，人们还要做这么多事情，不但要祭神，还要准备鸡鸭鱼肉等年货。

除夕这天，家家都要贴春联。而开封还有许多习俗，比如"文官封印""武官封操""商业封门""说书封板""讨饭的封棍"、祭祖和守岁等，诸如此类。"守岁"在今天赋予了新的内容。当午夜的钟

热闹的舞狮表演

祝大家新

开封民俗文化及民间艺术

声响过，人们争放第一挂鞭炮，表示着在新的一年里会更加努力奋斗，过上幸福生活。

大年初一，家家都起得比较早，更换新衣，洗涮完毕，首先燃放鞭炮，拜祝先祖遗像，这预示着新的一年开始了。接着，晚辈向长辈拜年，长辈要给晚辈"压岁钱"。全家人吃过年饺子，然后开始到亲友家拜年。

正月初二是闺女回娘家的日子。旧时初二，开封城关四乡，鞭炮声、鸣笛声、哨子声响成一片，骡马大车往来穿梭，络绎不绝。步入新时代的今天，这一习俗仍然延续下来，人们大都选择在初二这天回娘家。

大年初一吃饺子

七朝古都开封

菊花是开封市市花

正月初三为祭坟、祭宗祖的日期，因旧皇历中说这一天"诸事不宜"，初三开封忌走亲戚。初五为破五日，民间认为初五是年后第一个不吉日，亲友之间亦忌相互串访。除此两日之外，节日期间，开封民间走亲串友，几无闲日，一直延续到元宵节。

（二）开封菊花花会

菊花是开封市市花。一年一度的菊花花会如今在开封已形成习俗。其实菊花在开封是有其深刻的历史背景的。唐代诗人刘禹锡说"家家菊尽黄，梁园独如霜"，这是对开封菊花最有名的描述。这说明在唐代，开封菊花已经很具规模了，家家都种菊花，菊花普及程度可想而知。到了宋代，开封人爱菊比以往更甚，并且那时菊花已经名扬天下了。每逢重阳日，民间插菊花枝、挂菊花灯、饮菊花酒等习俗影响到中原大地的各个角落。

"一年一度秋风劲，岁岁黄花分外香"，这是描写菊花盛开时的盛况。每年金秋十月，是菊花盛开的季节，每当这个时候，开封市民都会走出家门，去欣赏他们喜爱的菊花，如此形成传统，就演变为今天的开封菊花花会。

开封栽培菊花历史悠久，在宋代就已驰名全国

七朝古都开封

开封菊花花会的会期为每年的 10 月 18 日至 11 月 18 日，菊会时节，全市展菊多达 300 万盆，品种约 1300 个，形成了"满城尽菊黄"的壮观景象。在历届全国菊花品种展赛中，开封参赛菊花艳压群芳，多次取得冠军。1999 年在昆明举办的世界园艺博览会菊花专项大赛中，开封参赛菊花更是一鸣惊人，夺得大奖总数第一、金奖总数第一、奖牌总数第一的三项桂冠，开封菊花从此名扬海内外。

如今，菊会内容不断丰富，影响也在不断扩大。在"菊花搭台、经贸唱戏"的方针指导下，开封菊会带动了一大批产业的发展，在海内外产生了强烈反响。实践

开封菊花花会

开封民俗文化及民间艺术

证明，开封菊会的生命力必将更加强大。

（三）开封斗鸡

说起开封，就不能不提到斗鸡，其实开封斗鸡已经有一千多年的历史了。早在唐代，我国就盛行斗鸡，那时的开封，地位仅次于长安和洛阳，所以斗鸡也在开封形成潮流。到了宋代，开封成了天下第一都，斗鸡风气自然在开封兴盛。据记载，那时的斗鸡活动已遍及民间，鸡种逐渐形成了不同的血统体系，玩斗鸡者也逐渐形成了不同的帮派系统。随着王朝的更替，虽然斗鸡中心发生了转移，但至今仍然保持斗鸡传统的，也只有开封了。

如今，开封斗鸡被国人称为"国宝级名鸡"，开封斗鸡在国内外颇有名气，常有外

开封斗鸡已有一千多年的历史

地斗鸡爱好者来开封进行交流比赛，还有不少开封斗鸡爱好者经常携斗鸡赴全国各地巡回演出，饱受好评。但最让开封斗鸡人引以为豪的是，1999年，开封斗鸡队代表中国参加了在泰国举行的世界斗鸡大赛，一举夺得冠军，声名远扬。

斗鸡比赛

每年农历正月初二，固定是斗鸡比赛的日子，每到这一天，开封市民都会积聚在龙亭公园、铁塔公园和相国寺等景点，因为这些地方要举行斗鸡比赛。斗鸡比赛非常精彩，但比赛规则也非常严格。比赛都有专门的裁判，裁判又叫"鸡头"，负责判断比赛的输赢。每场斗鸡比赛只有15分钟，中场有休息时间，这样的赛制已形成传统。观众在观看斗鸡比赛时也要遵守一定的规矩，据老人们介绍，平时看别人的斗鸡时，只能夸奖，不能说孬。一夸主人倒茶，二夸主人拿烟，三夸主人拿酒，四夸主人拿出烧鸡盛情招待。如不懂此俗，看鸡时说鸡孬，一说鸡孬受冷淡，二说鸡孬就会被撵走。当主人下逐客令时，无论再怎样花言巧语，也难以挽回难堪的局面。旧时斗鸡是一种赌博，现在，斗鸡活动已成为有益于社会的体育竞技和民间娱乐活

开封民俗文化及民间艺术

动。

如今，开封市已经成立斗鸡协会，该协会多次应邀到全国各地参加巡演，产生了广泛的社会影响。目前，开封市共养殖斗鸡几万只，且斗鸡品种齐全，包括中原鸡、越南鸡、泰国鸡、缅甸鸡和各种杂交鸡种，应有尽有。

（四）开封盘鼓

开封盘鼓是开封传统民间文化活动的重要组成部分，在河南乃至全国均享有很高的声誉。

开封盘鼓历史悠久，它同兰州的太平鼓、安塞的腰鼓、山西的威风锣鼓、安徽的凤阳花鼓并称为中华五鼓。它最初是用来缉私驱邪的器物，后来发展到用于庆典、祭祀、求

开封盘鼓节

雨等民俗仪式。相传宋代遇到干旱灾年，有时皇帝亲自主持规模盛大的求雨仪式，击鼓祈天，赤臂披蓑，鼓舞呼喊，场面相当壮观。

目前每面开封盘鼓直径约 42 厘米，鼓框腹径 55 厘米，高度 30 厘米，重量达 15 公斤，粗大的柳木鼓槌儿长 50 厘米，直径 3 厘米。在全国的盘鼓中，开封盘鼓截至目前仍保留着个人单挎并进行舞蹈的最高鼓的纪录。盘鼓舞蹈可以组成十几人到几百人的表演队伍，场面宏大，蔚为壮观。

开封盘鼓的特点是节奏性强，套路多变，气势宏大。所以每逢元旦、春节、国

开封盘鼓表演

开封民俗文化及民间艺术

开封盘鼓节气势宏大

庆和文化节、菊花花会、庙会等重要活动，都要举行盘鼓表演和比赛。另外，近年来开封盘鼓多次应邀参加重要庆典和活动，其影响力已经扩大到海内外。现在的开封盘鼓协会拥有会员万人之多，其规模和受喜爱的程度可见一斑。

（五）汴绣

汴绣，也叫宋绣，汴绣起源于北宋，开封作为北宋的国都，被称为"汴梁"也作"汴京"，所以刺绣在开封有汴绣之名。汴绣与苏绣、湘绣、粤绣、蜀绣合称为中国五大名绣。

在商品经济大发展的北宋时期，刺绣在手工业中占有非常重要的地位。据《东京梦华录》记载，北宋时期，皇宫设有"文绣院"，有三百多名绣女专为皇帝王妃、达官贵人刺绣服饰和绣画，所以宋绣亦被誉为"宫廷绣"或"官绣"。当时皇帝的龙袍、官员的朝服、乌纱帽、朝靴皆为宋绣精品。在民间，刺绣则更为普遍，当时开封大相国寺东门外有一条街就叫"绣巷"，即是专门做刺绣的地方。明代大学者屠隆在他所著的《画笺》一书中赞曰："宋之闺绣画，山水人物，楼台花鸟，针线细密，不露边缝，

精美的民间刺绣作品

开封民俗文化及民间艺术

开封民间刺绣

其用绒止一、二丝，用针如发细者为之，故眉目毕具，绒彩夺目而丰神宛然，设色开染，较画更佳。"另外从北宋政府对外经济交往的项目中可以看出，汴绣成为宋政府向他国赠送或交换的主要珍品。一百多年中，汴绣是中华国土上技艺最精、价值最高、产量最大、流通最广、影响最强的绣品，是中国的国绣。

汴绣的发展与统治者的重视也是密切相关的，北宋初期在京师专门设立了绫锦院用来生产刺绣，宋太宗更是亲自到绫锦院"命近臣从观织室机杼"，说明了统治者的重视

程度。随着绫锦院规模的不断扩大，其生产的刺绣不但供皇室贵族官僚显要享用，也供军队消费和岁时赐予。随之应运而生的文绣院，是宋代刺绣史上重要的一笔，也是我国刺绣史上值得骄傲的一笔。宋徽宗年间，又专设了绣画专科，使绣画分类为山水、楼阁、人物、花鸟等，绣品生产遍布河南、四川、湖南、湖北、江苏、浙江、广东等地，一时间，汴绣名扬天下。据《法密藏》记载："宋人之绣，针线细密，用绒一二丝，用针如发细者为之。设色精妙，光彩射目，山水分远近之趣，楼阁得深邃之体，人情具瞻眺生动之情……"这说明当时的刺绣已与书画结合起来，刺绣的水平已经趋于成熟。

但到了南宋时期，汴绣进入了衰退期。随着政治中心的南移，刺绣也在南方兴盛起来。汴绣这个时期虽没有宫廷的支持，没有北宋时期繁荣的景象，但好的一面是，汴绣逐渐走向民间，因为多年的战乱及自然灾害，宫廷里的绣工们大都流散民间，从此，汴绣在民间轰轰烈烈地发展起来，真是野火烧不尽，春风吹又生。从此，汴绣走向了全国各地，对全国各地的刺绣事业都产生了影响。

开封汴绣

汴绣《芙蓉锦鸡图》

汴绣在元、明、清时代继续在民间生根发芽，虽然在清代出现的"四大名绣"中不包括汴绣，但这是有深层的历史原因的，中原地区多年的战乱加上水旱灾害严重影响了汴绣的质量。而在此之前，汴绣的兴隆时期，它的影响要远远超过"四大名绣"中任何一种。解放后，汴绣重新得到发展。

五　开封美食小吃

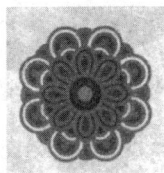

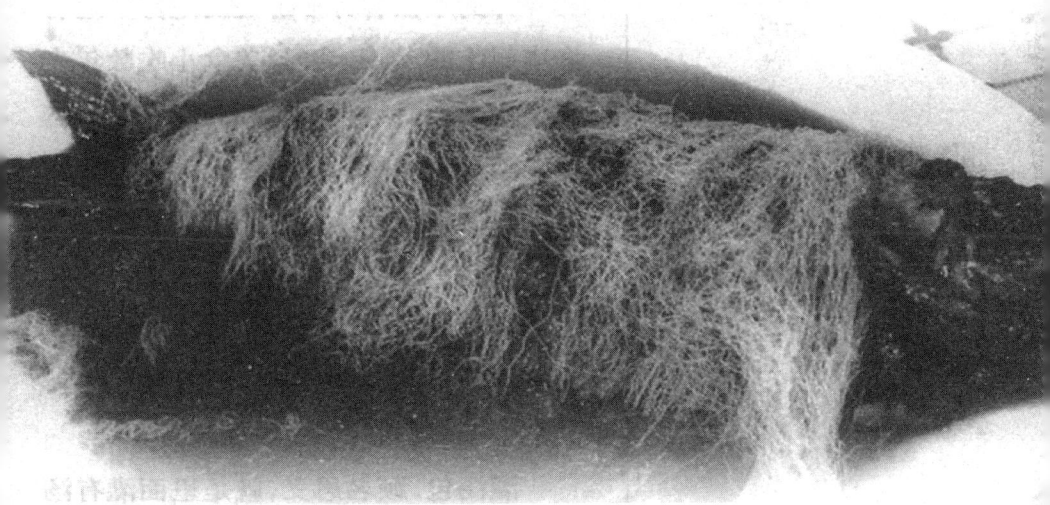

开封特色小吃——灌汤包子

开封不但有许多好玩的地方，还有许多好吃的食物。开封美食小吃数年来吸引着大批游客，那么开封到底有哪些迷人的美食小吃呢？

（一）灌汤包子

灌汤包子是小笼包子的一种，是开封的传统食品。灌汤包子早在北宋时就很出名，那时称灌浆馒头等，北宋之后，灌汤包子成为开封美食，并流传至今。

灌汤包，顾名思义，就是里面灌有汤的包子。吃开封灌汤包子，是一个很讲究的过程。灌汤包子皮薄，但晶莹洁白，有透明之感。

包子上有精工捏制皱褶 32 道，均匀有秩，看上去真是一种美的享受，吃之，其味更美。有人说："吃灌汤包子，汤的存在列第一位，肉馅次之，面皮次之。汤如诗歌，肉馅是为散文，面皮为小说。因为小说是什么都包容的，散文精粹一点，诗歌便就是文中精华了。"的确如此，吃罢灌汤包子，让人首先记住的是其汤之鲜美，肉馅是在汤之后进入味觉感观的，面皮除去嚼感之甜感，其他感觉可以忽略。

（二）鲤鱼焙面

鲤鱼焙面是开封的传统名菜，它是由

开封美食小吃

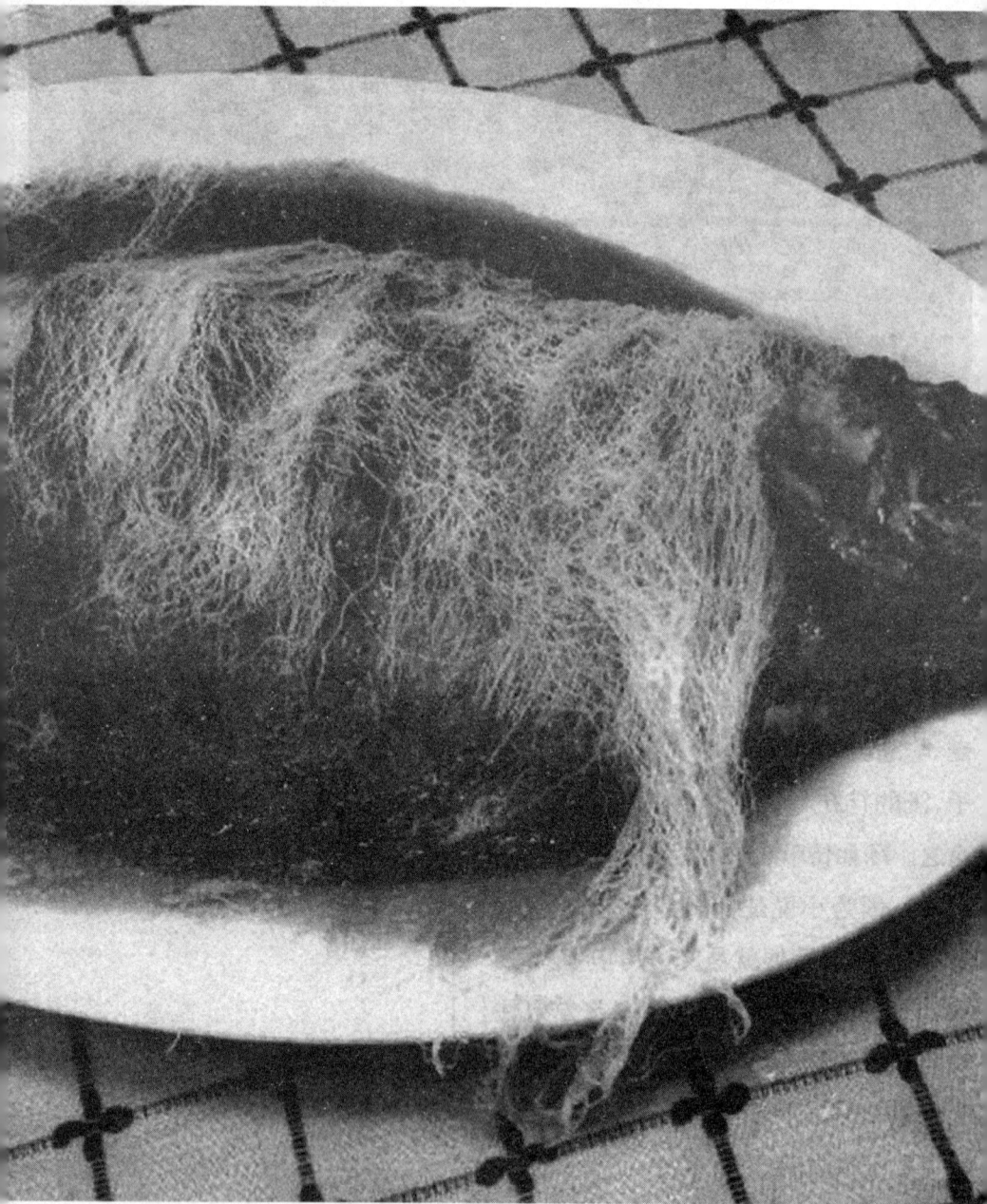

开封特色美食——鲤鱼
焙面

七朝古都开封

"糖醋熘鱼"和"焙面"两道名菜配制而成的。据说，慈禧太后当年为逃避八国联军之难，曾在开封停留，开封府衙为她准备了"糖醋熘鱼"这道名菜，慈禧吃后赞不绝口，并赐联："熘鱼出何处，中原古汴梁。"后来，开封人发明了一种新的吃法，就是将用油炸过的龙须面，盖在做好的"糖醋熘鱼"上面，创制了"糖醋熘鱼带焙面"名菜，也即鲤鱼焙面。

鲤鱼焙面绝对算得上一道名菜，因为它的选料及制作过程都非常精细。鲤鱼都是产于开封当地，这种鲤鱼重约一斤，肉味鲜美；焙面也是用的上等的龙须面。

（三）花生糕

花生糕是开封特产，它有着非常古老的历史。相传宋朝时，它就是宫廷膳食，后来流传到民间，制作工艺得到改善，成为普通百姓非常喜爱的食品之一。

花生糕以精选花生仁为主料，辅以白糖、饴糖等，经过熬糖、拔糖、垫花生面、刀切成形等工序制成。成品呈方形，层次分明，呈明细网络，疏松度强；食之口味酥脆，香甜利口，含口自化，真是天下美味。

花生糕

（四）马豫兴桶子鸡

桶子鸡是开封特产名菜，而"马豫兴桶子鸡"更是名扬天下。马豫兴桶子鸡的创始人是马永岑。大约在顺治年间，清兵入关，马家祖上在金陵（今南京）开设了商号"春辉堂"。到了咸丰年间，由于太平军和清朝的对峙，金陵处于战乱之中，马家在马永岑的带领之下来到了开封，在开封新开了商号叫"豫盛永"。马永岑针对中原盛产鸡的情况，结合南京鸭制品的加工方法，苦心钻研，以母鸡为原料，不开膛，不破肚，使鸡成为桶状，就做出了"马豫兴桶子鸡"，当时受到了极大的欢迎。后来马豫兴桶子鸡便名扬天下，一直到今天仍然是开封的美食之一。

民间总结，马豫兴桶子鸡有三大特点："一是形体丰满，造型独特；二是色泽金黄，诱人食欲；三是肥而不腻，嫩而香脆。"它制作工艺讲究，严格选料，一律选用生长期一年以上，三年以内，毛重在1250克以上的活母鸡，要求鸡身肌肉丰满，脂肪厚足，胸肉裆油较厚为最佳，用百年老汤浸煮，约两小时即可。食用时，把鸡分为左右两片，每片再分前后两部分，剔骨斩块装盘，吃起来脆、嫩、香、鲜俱备，别有风味。桶子鸡

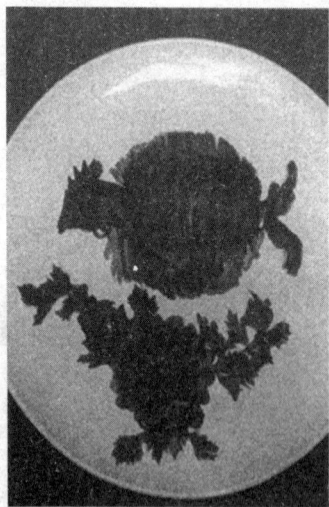

开封桶子鸡

最好的部位是鸡大腿，味道香，口感好，几个鸡大腿切成细片，是凉菜中的上等品。

（五）三鲜莲花酥

三鲜莲花酥，是开封特产之一，是以白面为主要材料制作而成的一种点心。点心内有三种不同的馅，故曰"三鲜"。

关于这道点心还有一个凄惨的神话故事。传说在宋仁宗时，后宫的李妃娘娘遭刘妃娘娘陷害，被仁宗打入冷宫。李妃娘娘不堪屈辱，投身于冷宫西面的莲花池内自尽身亡。从此，莲花池内莲花不再开放。

三鲜莲花酥

相传在冷宫和莲花池之间有个"三仙洞"，铁拐李等三位神仙在此居住。有一次，三仙来莲花池观赏荷花，但发现荷花已不再盛开。后来他们听说了李妃娘娘的悲惨遭遇，就略施法术，赋予了李妃灵气，使她成仙升天了。从此，此处的莲花又盛开了，后来成了文人雅士的畅游之地。人们为了纪念这段故事，制作了一种点心，就叫"三鲜莲花酥"，"三鲜"即为"三仙"的谐音，莲花即为莲花池中盛开的莲花。

三鲜莲花酥食之味道芳香酸甜，糕形如含苞初放的莲花，色调淡雅逼真，形象惟妙

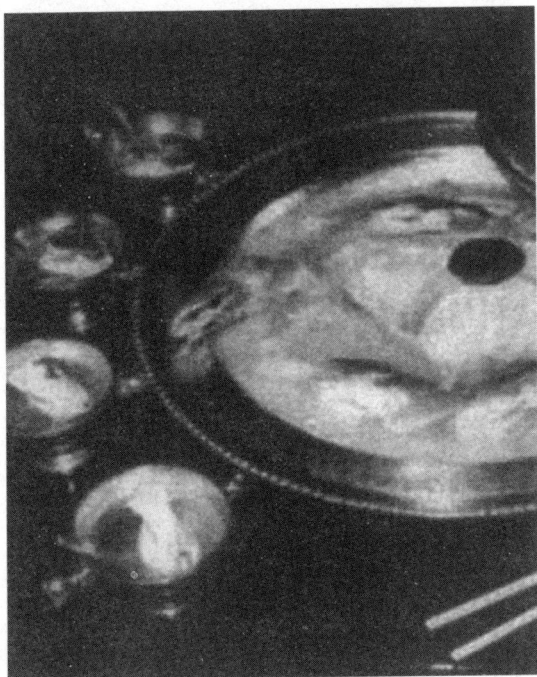

惟肖，味道芳香、酥松可口。

（六）开封"套四宝"

"套四宝"是开封宋都宾馆的名菜，相传是在宋代名菜基础上发展起来的。因集鸭、鸡、鸽子、鹌鹑四味于一体，四禽层层相套且形体完整而得名。

其做法是在野鹌鹑的腹腔里装上海参、猴头、鱿鱼等后，再套进鸽子肚中，然后再把鸽子装入鸡的肚子中，最后把鸡装入鸭腹中，然后一齐放入锅中清蒸。蒸好后，四只全禽层层相套，个个通体完整，

开封"套四宝"

五香兔肉

食之不腻，清爽可口，回味绵长。当然，真正制作"套四宝"的过程是非常复杂的，没有一定的烹饪功夫是不行的，火候掌握不好也不行，最复杂的是剔骨，要做到个个原形不变实在是需要一定的技术水准。所以，"套四宝"被称为"豫菜一绝"是名不虚传的。

（七）五香兔肉

五香兔肉，是开封特色名菜之一。它选料精细，主料为净兔肉1千克，辅料为桂皮、花椒、大料、精盐、白糖、味精、葱段、姜片、料酒等。

制作过程相对来说比较简单。先把兔肉洗净剁成数块装入碗中。用花椒、大料、桂皮、精盐和少量水熬成五香水，倒入兔肉腌一晚上，捞出，下锅前用红酱油拌匀。然后上火加热加黄油，要掌握火候，适时放入兔肉，并等兔肉炸至金黄色时捞出。之后在砂锅内加清汤和兔肉，然后加入酱油、葱、姜、料酒等调料，材料放完后先用大火将清汤烧沸，然后用温火炖一个小时左右，出锅后切成小块装盘即可。五香兔肉肉质鲜美，色泽红亮，真乃天下一绝。

（八）菊花火锅

　　菊花火锅是开封美食之一。因开封市的市花是菊花，所以菊花火锅在开封非常盛行。

　　菊花火锅的原料有很多样，大致有虾肉、牛柳、猪里脊、鸡肉、白菊花、菠菜、粉丝、花生米、高汤等，辅以盐、味精、料酒等作料。其实和传统火锅的吃法一样，只是待火锅内兑入鸡汤滚沸时，取白菊花瓣净洗，撕成莛丝洒入汤内。待菊花清香渗入汤内后，再放入各种肉类和蔬菜。

　　菊花具有清热解毒、润肺消肿等功效，菊花火锅不仅是美食，还具有一定的保养

开封美食小吃

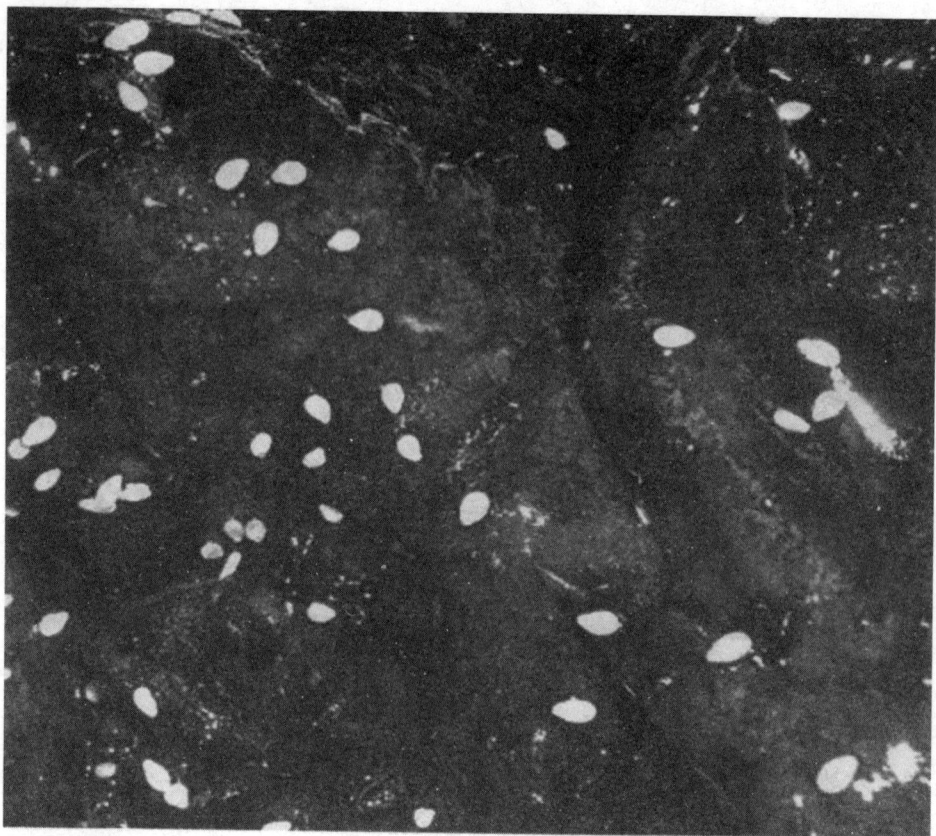
芝麻翅中翅

作用。

（九）大京枣

大京枣古称"蓼花"，是开封传统著名糕点小吃。

大京枣以饴糖、优质糯米、植物油、糖粉等为主要原料，制作过程也精细无比，需要先后经过制坯、油炸、透浆、拌糖粉等几道工序。制作好的大京枣呈圆柱形，金黄色，外粘白糖，外观饱满，膨胀适度，内部组织为丝网状，无空洞，无硬心。吃着酥香可口，入口即化，营养丰富，是老少皆宜的美味糕点。

（十）双麻火烧

双麻火烧是开封有名的小吃，也是普及很广的小吃，常作为早点、夜宵，是老百姓非常喜爱的食品。

双麻火烧的主料是面粉和芝麻，辅以植物油、盐等。制作过程简单，但也需要一定的烹饪功底。需要经过制芝麻仁、制酥、制皮面、烤制等几个过程，每个过程都有一定的要求，比如在制酥阶段，油烧至八成热时，要将锅端离火口。然后放入面粉1.5千克，用铁铲翻匀，摊在案板上晾凉后，加入盐、大料面，然后用手揉成酥面团。烤制阶段烧至虚红黄色味道更美。

正宗的双麻火烧口感酥焦，透五香味。

（十一）芝麻翅中翅

芝麻翅中翅是开封正宗的美食，其实也算得上是一般人家的家常菜。

制作芝麻翅中翅的主料是腌鸡翅和芝麻，辅以鸡蛋、葱花等，芝麻翅中翅其实就是腌鸡翅外裹蛋汁再蘸芝麻，放油中炸。

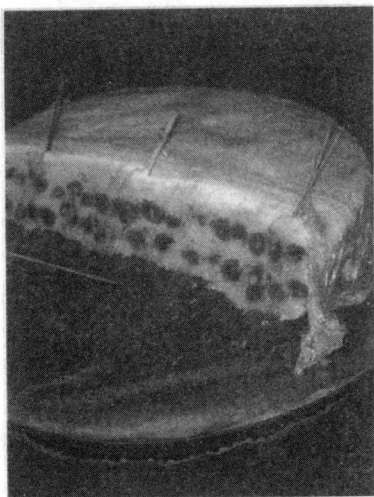

江米切糕

江米切糕

炸熟的蛋汁酷肖蝉翼，所以取名叫芝麻翅中翅。

（十二）江米切糕

江米切糕是开封著名小吃，其主料为江米、红小豆，辅以枣、红糖、山楂糕等。江米其实就是糯米，红小豆又名赤豆、赤小豆、红豆。红小豆富含淀粉，因此又被人们称为"饭豆"。它具有"律律液、利小便、消胀、除肿、止吐"等功能，被李时珍称为"心之谷"。红小豆是人们生活中不可缺少的高营养、多功能的小杂粮。红小豆含有较多的皂角甙，可刺激肠道，因此它有良好的利尿作用，能解酒、解毒，对心脏病和肾病、水肿均有益。

它含有较多的膳食纤维，具有良好的润肠通便、降血压、降血脂、调节血糖、解毒抗癌、预防结石、健美减肥的作用。

江米切糕的制作过程分为三个阶段：第一阶段准备蒸熟的江米和红小豆；第二阶段用湿布把蒸熟的江米饭按压成三个扁形片；第三阶段把红豆馅均匀抹在第一和第二片中间，把熬好的枣码在第二片和第三片中间，最上面放上山楂糕条，最后放入盘中即成。

（十三）红薯泥

红薯泥是开封有名的小吃。其主料为红薯，辅以白糖、山楂、玫瑰、桂花、青红丝等原料。制法是先将红薯煮熟，剥皮去丝，以净白布包之轧压成泥，作为备用。

红薯泥

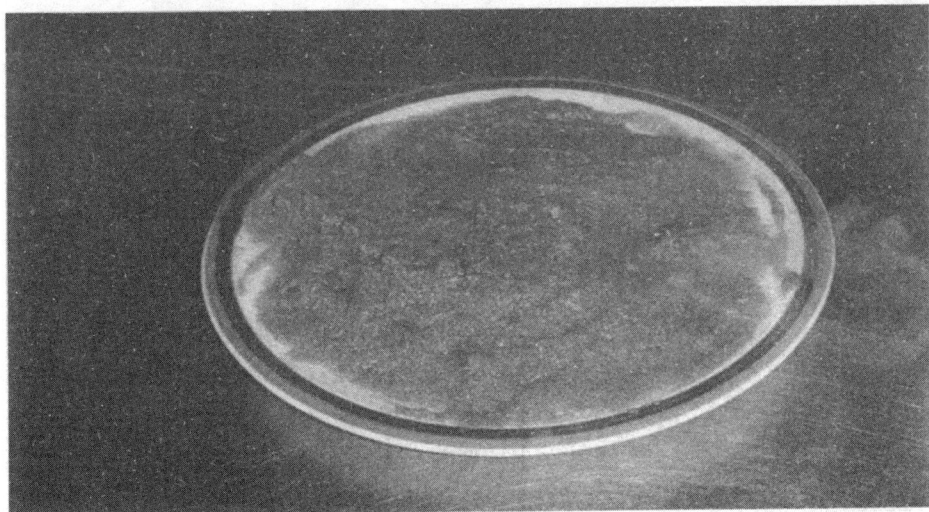

红薯泥

然后把白糖倒至炒锅内化成糖浆，兑入香油、泥红薯，加熟烹饪，搅拌均匀，至三者融为一体，呈现柿红色为止。盛至盘内，上面依次分层放上山楂丁、玫瑰片、青红丝、桂花糖即成。

七朝古都开封